Kleiner Lexi-Lesezauber Basis II

Geschichten mit Fantasie zum Lesen und Staunen

Anette Gampe & Ralf Tritschler

Impressum

Titel: Kleiner Lexi-Lesezauber Basis II
Autoren: Anette Gampe & Ralf Tritschler
Illustrationen: Anette Gampe

Inhaltsübersicht

Einführung 4

Warum haben Schlangen keine Beine? 8
Warum hat der schwarze Panda Ringe um die Augen? 10
Die hingerissene Maus 12
Hat es Zwerge wirklich gegeben? 14
Warum tanzen Flamingos 16
Die Riesen des Ozeans 18
Hast du schon einmal einen Gnom gesehen? 20
Pluto ist nicht allein 22
Warum haben Pfauen so lange und bunte Federn? 24
Findest du Kaulquappen auch so interessant? 26
Kennen wir alle 88 Sternbilder? (Bonus) ♡ 28

Literaturverzeichnis 30

Eine Einführung in unseren „Kleinen Lexi-Lesezauber".

Lassen Sie uns mit einer kleinen Reise in Ihre Vergangenheit beginnen. Erinnern Sie sich noch, als Sie erwartungsfroh und voller Neugier im Bett lagen, es kaum erwarten konnten, die Gute-Nacht-Geschichte zu hören? Oder wie Sie auf dem Schoß Ihrer Eltern oder Großeltern auf dem Sofa neben ihnen sitzend, dem Klang Ihrer Stimmen lauschten, während Sie Ihnen eine Geschichte vorlasen? Mit der Zeit verspürten Sie dann immer mehr den Drang, selbst lesen zu können, und als Sie selbst zu lesen begannen, konnten Sie es kaum erwarten, den Fortgang einer Geschichte zu erfahren. Genau diesen Drang möchten wir bei den Kindern wieder hervorzaubern. Wir wünschen uns, dass eine unserer wichtigsten Kulturtechniken lebendig bleibt. Meghan Cox Gurdon beschreibt in ihrem Buch „Die verzauberte Stunde", welch hohen Stellenwert das Vorlesen (und auch das Lesen) für die

geistige Entwicklung, das Entwickeln von Beziehungen, das Denken und die Fantasie hat. Sie zitiert Studien, die aufzeigen, dass das Geschichtenanschauen am Bildschirm nur sehr wenige Gehirnbereiche aktiviert. Aktives Vorlesen, bei dem die Kinder mit einbezogen werden, löst jedoch ein Feuerwerk im Gehirn aus. Erinnern Sie sich an die Dialoge mit den Vorlesenden: „Na, wo ist der Hase?", „Wo ist das rote Auto?"

Wie sollen unsere Kinder später durchs Leben gehen, wenn sie keine Fantasie mehr haben und differenziertes Denken verlernt wird? Wie den Alltag bewältigen, Partner finden, Beziehungen aufbauen und halten und auf sie einstürmende Probleme lösen? Damit geraten nicht nur der Fortschritt, sondern auch unsere Demokratie in Gefahr und Fake News sind Tür und Tor geöffnet. Gleichzeitig erfordert unsere hochtechnisierte Welt immer umfangreichere Kenntnisse im Lesen, weil das Wissen in unserer Welt sich nahezu exponentiell entwickelt.

Die kurzen Texte und Geschichten im Lexi-Lesezauber sind aus unserer täglichen Praxis mit Kindern, Jugendlichen und Erwachsenen entstanden, die nicht oder nur rudimentär lesen und schreiben können. Sie sollen Spaß machen und neugierig machen, die Inhalte zu erkunden. Die eigentlichen Textinhalte regen zum Denken an, mit dem Ziel, Leselust zu entfachen, weiter zum Thema zu recherchieren und darüber zu sprechen. Gleichzeitig fördern sie den Dialog mit den Kindern, machen Sprache erfahrbar und stellen somit Sprachförderung auf semantischer Ebene dar. Satzglieder, Sätze und Sinnabschnitte werden in Zusammenhang mit Sprache, Melodie und Textinhalt gebracht. Nebenbei erweitert sich der Wortschatz und kann somit auch der allgemeinen Sprachlosigkeit entgegenwirken.

Ein paar Infos zum Lesenlernen

Lesen ist ein vielschichtiger Prozess, der weit über das reine Erkennen und Dekodieren von Buchstaben hinausgeht. Es gilt, einzelne Buchstaben zu Silben zu verschleifen, danach die Silben zu einer Einheit als Wort zusammenzufassen und anhand der morphematischen Struktur den Sinn des Wortes zu erfassen, damit das Wort zunehmend automatisiert aus dem inneren Lexikon erkannt und verstanden wird.

Früher ging man davon aus, dass diese Prozesse mehr oder weniger nacheinander ablaufen, heute betrachtet man das Lesenlernen als einen fluiden Prozess, in dem die einzelnen Lernschritte quasi ineinander verschmelzen (s. Abbildung).

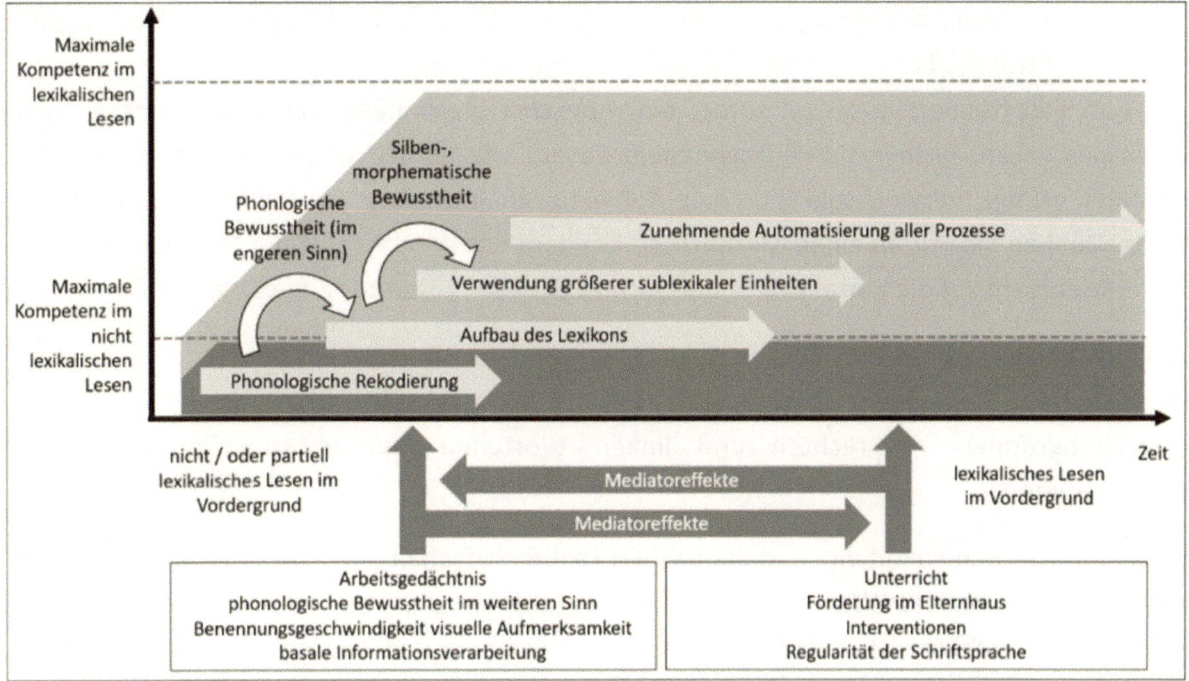

Abb. 2: Das Kompetenzentwicklungsmodell in Anlehnung an Klicpera et al. (2020)

Mit Lexi tragen wir dieser Entwicklung Rechnung, indem es möglich ist, in einem Kurssystem das Lesen zu verbessern, zu optimieren, wenn die vorhandenen Schwierigkeiten nicht zu gravierend sind. Sollten größere Lese- und Rechtschreibprobleme vorhanden sein oder Leseanfänger behandelt werden, bieten wir mit unserem differenzierten Aufbau die Möglichkeit, das Lesen und Schreiben in kleinen Schritten aufzubauen. Dabei legen wir Wert darauf, dass es nicht einzelne, in sich abgeschlossene Lernschritte sind, sondern ein ineinandergreifender Prozess, bei denen die einzelnen Teilschritte sinnvoll miteinander verknüpft werden und so der Leseprozess aus mehreren Ebenen gestützt und aufgebaut wird. Sind die basalen Lesefertigkeiten ggf. auch mit Hilfe von Lautgebärden aufgebaut, so greifen wir relativ früh morphematische Gegebenheiten auf, um die Sinnerfassung zu ermöglichen. Der Spaß und die Freude am Lesen kommen dabei nie zu kurz. Den genauen Prozess, insbesondere für Therapeut*innen und Förderlehrer*innen, beschreiben wir auf unserer Homepage im internen Bereich der Mitglieder.

Einige Anregungen zum Umgang mit diesem Heft

Dieses Heft ist eine Ausgliederung aus unserem umfangreichen Fördermaterial. Es bietet sich an, es auf vielfältige Weise zu verwenden. Die Texte sind geeignet für Kinder, welche die Buchstaben bereits sicher einem Laut zuordnen können und denen es gelingt, Einzellaute zu Silben zu verbinden.

Zur Sicherung der Wortdurchgliederung können vorab Vokale oder im Band 2 Cluster markiert werden, um danach das laute Lesen mit gleichzeitigem (synchronem) Malen von Silbenbögen anzuschließen.

In einem weiteren Schritt kann derselbe Text noch einmal laut und ohne jegliche Markierung gelesen werden. Hierzu sollte der Text aus dem Lesezauber einmal herauskopiert werden. Mit diesem differenzierten Vorgehen erreichen wir eine Verbesserung der Lesegenauigkeit.

Für ein reines Training des flüssigen Lesens kann das Markieren von Vokalen oder Clustern entfallen und ggf. auch auf das Lesen mit Silbenbögen verzichtet werden.
In diesem Fall trainiert das Kind sofort ein möglichst gleichmäßig schnelles, aber weitgehend fehlerfreies Lesen. Bitte nicht mit schnellem Lesen, wie es oft, ohne Rücksichtnahme auf die Lesefehler erfolgt, verwechseln. Für eine korrekte Sinnentnahme ist fehlerfreies Lesen absolut wichtig. Denken Sie nur an einen Mathe-Test, bei dem das Weglassen einer Wortendung den Sinn von der Mehrzahl auf die Einzahl verändert, schon wird die gesamte Aufgabe falsch.

Zusätzlich hat es sich unserer Erfahrung nach bewährt, wenn das Kind mit dem Finger unter die Wortmitte tippt. Der Finger zeigt dem Blick, wohin er springen soll, und steuert ihn somit. Buchstabengruppen am rechten und linken Wortende werden so offensichtlich besser wahrgenommen.

Erfolgt das Lesetraining mit ein- und demselben Text mehrfach pro Woche, wird Stück für Stück das Ganzwortlesen trainiert. Wortbilder werden bei diesem erneuten Lesen vermutlich schneller abgerufen und etablieren sich dadurch eventuell im Sichtwortschatz. Untersuchungen mittels MRT zeigen, bereits vor Reizdarbietung werden die visuellen Eigenschaften erwartbarer Wörter voraktiviert. *(Radach, Hofmann; 2016; Graphematische Verarbeitung beim Lesen von Wörtern)*

Bei manchen Kindern hat sich das Führen einer Lesetabelle als motivationssteigerndes Element herausgestellt, das dem Lesenden nicht nur laufende Fortschritte visualisiert, sondern auch seine Lesegeschwindigkeit steigert. Hierzu wird beim ersten Lesen ohne Silbenbögen die Zeit gestoppt und das Ergebnis in der Tabelle festgehalten. Der Lesepartner legt anschließend gemeinsam mit dem Kind eine Zielzeit fest, die durch das tägliche Lesetraining nach einer Woche bei fehlerfreiem Lesen erreicht werden kann. Zur Verstärkung des Erfolgs hat es sich bewährt, wenn der Lesepartner anfangs den Text ebenfalls laut liest und seine Lesezeit stoppt, die nun als Zielzeit gilt – in diesem Fall sollte der Lesepartner aber seine Lesegeschwindigkeit etwas an die aktuellen Leistungsmöglichkeiten des Kindes anpassen, um keinen Frust aufkommen zu lassen. Die so vom Lesepartner erreichte Zeit zu unterbieten, kann dann ein „sportlicher" Anreiz sein. Vorrangig gilt, Lesegenauigkeit steht vor Lesegeschwindigkeit. Bei manchen Kindern kann es daher notwendig sein, neben der Lesezeit auch Lesefehler zu notieren, mit dem Ziel, beides durch das mehrmalige Lesen des Textes zu verringern. Das Führen eines Leseprotokolls wird auch von Rosebrock und Kollegen vorgeschlagen. (Rosebrock et al., 2011, S. 83).

Passende Textüberschriften haben wir meist als Fragen oder als feststehende Aussagen formuliert. Wir möchten damit schon vor dem Lesen Gedankenbilder provozieren und ein möglicherweise vorhandenes Vorwissen beim Leser aktivieren, um bereits jetzt eine inhaltliche und emotionale Verbindung zum Text herzustellen.

Jeder Text ist dazu außerdem mit Bildern illustriert, welche weitere Informationen über den Inhalt liefern.

Für diese intensive inhaltliche Auseinandersetzung mit unseren Texten haben wir meist ein Übungsblatt angefügt. Es fordert den Lesenden auf, sich mit den Inhalten auch schriftlich auseinanderzusetzen. Die Fragen zum Text sind so formuliert, dass es gelingen kann, sie – dem jeweiligen Lernstand im Rechtschreiben entsprechend – rechtschriftlich korrekt zu beantworten. Idealerweise wird die Beschäftigung mit den Texten als Bereicherung empfunden, welche die Lesefähigkeit steigert, das Wissen erweitert, Spaß macht und die natürliche Neugier befriedigt.

Erfahrungsgemäß ist es für das Kind hilfreich, einen Lesepartner zur Seite zu haben, der gleichzeitig mitliest und auf Fehler aufmerksam macht. Diese werden sodann korrigiert und das fehlerhafte Wort oder gegebenenfalls der gesamte Satz noch einmal gelesen.

Auch das Tandemlesen kann mithilfe der strukturierten und aufeinander aufbauenden Texte erfolgen, um den Flüssig-Leseprozess zu fördern. Der Vorteil ist, unsere Texte bauen sprachsystematisch aufeinander auf, beinhalten nur wenige Lernwörter und ermöglichen so ein systematisches Vorangehen.

Mit der Zeit kommen wir dann immer mehr zu einem flüssigen (lauten) Lesen, bei dem es gleichzeitig gelingt, den Sinn des Gelesenen zu erfassen. Dies wiederum ist die Voraussetzung dafür, melodisch betont und sinnentnehmend lesen zu können.

Erinnern Sie sich: Sie haben es früher geliebt, wenn mithilfe der Stimme Spannung aufgebaut wurde und die Melodie das Gesagte unterstützte. Damit wird das Lesen zum Geschichten-Erzählen, beginnt Spaß zu machen und lässt Bilder im Kopf entstehen.

Wir wünschen Ihnen allen nun ein gutes Gelingen und viel Freude mit unserem Material.

Zum Schluss noch ein kleiner Ausflug in „Eine Geschichte des Lesens" von Alberto Manguel:

In den Zigarrenfabriken in Kuba entstand 1865 der Plan, für die Arbeiter eine Zeitschrift mit politischen Beiträgen sowie Artikeln zur Wissenschaft und Literatur herauszubringen. Da jedoch die meisten Arbeiter nicht lesen konnten, wurde ein Vorleser engagiert, der den Arbeitern die Zeitung während der Verrichtung ihrer Tätigkeiten vorlas. Dazu ein kurzes Zitat aus dem Buch (S. 162f):

„Das Vorlesen in der Werkstatt hat nun zum ersten Mal stattgefunden, ... Dies stellt einen gewaltigen Fortschritt in der allgemeinen Entwicklung der Arbeiterschaft dar, denn auf diese Weise macht sie sich allmählich mit Büchern vertraut, der Quelle immerwährender Freundschaft und wertvoller Unterstützung."

Manchem gefiel dies nicht, sodass der Gouverneur von Kuba dies einige Monate später untersagte. Uninformierte Menschen lassen sich scheinbar besser manipulieren.

Anette Gampe, Ralf Tritschler, 2024

Warum haben Schlangen keine Beine?

Schlangen hatten offenbar einmal Beine.

Forscher meinen, die Beine wurden

jedoch im Laufe der Zeit immer kürzer.

Wir wissen es nicht genau, aber

scheinbar fanden

die schlanken, langen Tiere,

es sei wirksamer,

sich auf dem Boden

oder auf einem langen Ast

zu winden.

Daher haben sie einen muskulösen

Körper entwickelt, mit dem sie schneller

durchs Gebüsch schleichen können.

Schlangen haben keine konstante

Körpertemperatur und schlafen gern

in der Sonne.

Bei kalten Temperaturen schlottern

Schlangen und können sich kaum

oder gar nicht bewegen.

(87 Wörter)

Fragen zum Text

Warum haben Schlangen einen muskulösen Körper entwickelt?

Weil

Warum schlafen Schlangen gerne in der Sonne?

Weil

Warum hat der Panda schwarze Ringe um seine Augen

Der Panda hat
einen schneeweißen Rücken
und ein schneeweißes Gesicht
mit schwarzen Ringen
um kugelrunde Augen. Auch Beine,
Hals und Ohren sind mit schwarzer Farbe
überzogen. Manche meinen, der hohe weiße
Anteil des Felles helfe dem Panda,
sich in den schneereichen Bergen zu tarnen.
Wohingegen es die schwarze Farbe
auf den anderen Körperteilen jagenden
Feinden erschwere, das pelzige Wesen
im Schatten des Bambus zu entdecken.

Andere denken wiederum, Pandas erkennen
einander an den schwarzen Augenringen,
weil alle Ringe einmalige Formen haben.
Wir wissen also nicht genau, wozu die
schwarzen Ringe da sind.
Was wir aber sicher wissen:
Alle Pandas lieben Bambus!   (112 Wörter)

Fragen zum Text

Wie sehen Pandas im Gesicht aus?

Pandas haben

Was denken manche, woran sich Pandas erkennen?

Pandas

Die hingerissene Maus

In einer schwülwarmen Nacht
ist eine flinke Maus gerade noch einer Katze
entwischt und hat sich in ein Baumloch
geflüchtet. Erleichtert wartet sie, bis die Luft
rein ist. Auf einmal ertönt ein schriller Schrei.
Erschrocken linst die Maus aus dem Loch.
Kopfüber baumelt etwas Schwarzes im Baum.

Mit neuem Mut ruft sie dem unheimlichen
Wesen zu: „Wer oder was bist du?"
„Eine Fledermaus", zischt das Geschöpf.
„Na sowas," flüstert der winzige Nager,
„Du bist auch eine Maus?" „Bilde Dir nur nichts
ein, ich bin keine einfache Maus,
ICH habe Flügel", entrüstet flattert
die Fledermaus auf leisen Schwingen
in den nachtschwarzen Himmel.

Hingerissen schaut die Maus
dem schwindenden Wesen nach.
„Eines Tages möchte ich auch
Flügel haben!" Mit dem Gedanken
schlummert sie ein und ist im Schlaf
über alle Felder geflogen.   (133 Wörter)

Alles ist durcheinandergeraten:

eine schrille Nacht

eine schwülwarme Maus

ein nachtschwarzer Schrei

ein flinker Himmel

Welche Wörter gehören zusammen?

flattern	schlafen
der Nager	das Wesen
das Geschöpf	die Schwingen
schlummern	schauen
die Flügel	die Maus
linsen	begeistert
hingerissen	fliegen

Hat es Zwerge
wirklich gegeben?

Wissenschaftliche Beweise haben wir
dafür nicht. Aber wir kennen
aus frühen Zeiten jede Menge
magische Geschichten
und Legenden über Zwerge.
Meist hausen sie unterirdisch im Gebirge,
sind winzige, schlaue, und manchmal auch
muskulöse Wesen. Alle haben
einen langen Bart, manchmal sogar
die Zwergenfrauen.

In manchen Geschichten können wir
lesen, Zwerge seien tapfer und furchtlos
gewesen. Andere berichten wiederum, Fremden
gegenüber seien Zwerge meist recht scheu.
Offenbar hatte daher kaum einer Zwerge
gesehen. Nur wenige scheinen echte
Zwergennamen zu kennen. Zweifellos taten sich
darum die Zauberer schwer, Zwerge
mit einem Zauber oder einem Fluch
zu belegen.

(101 Wörter)

Fragen zum Text

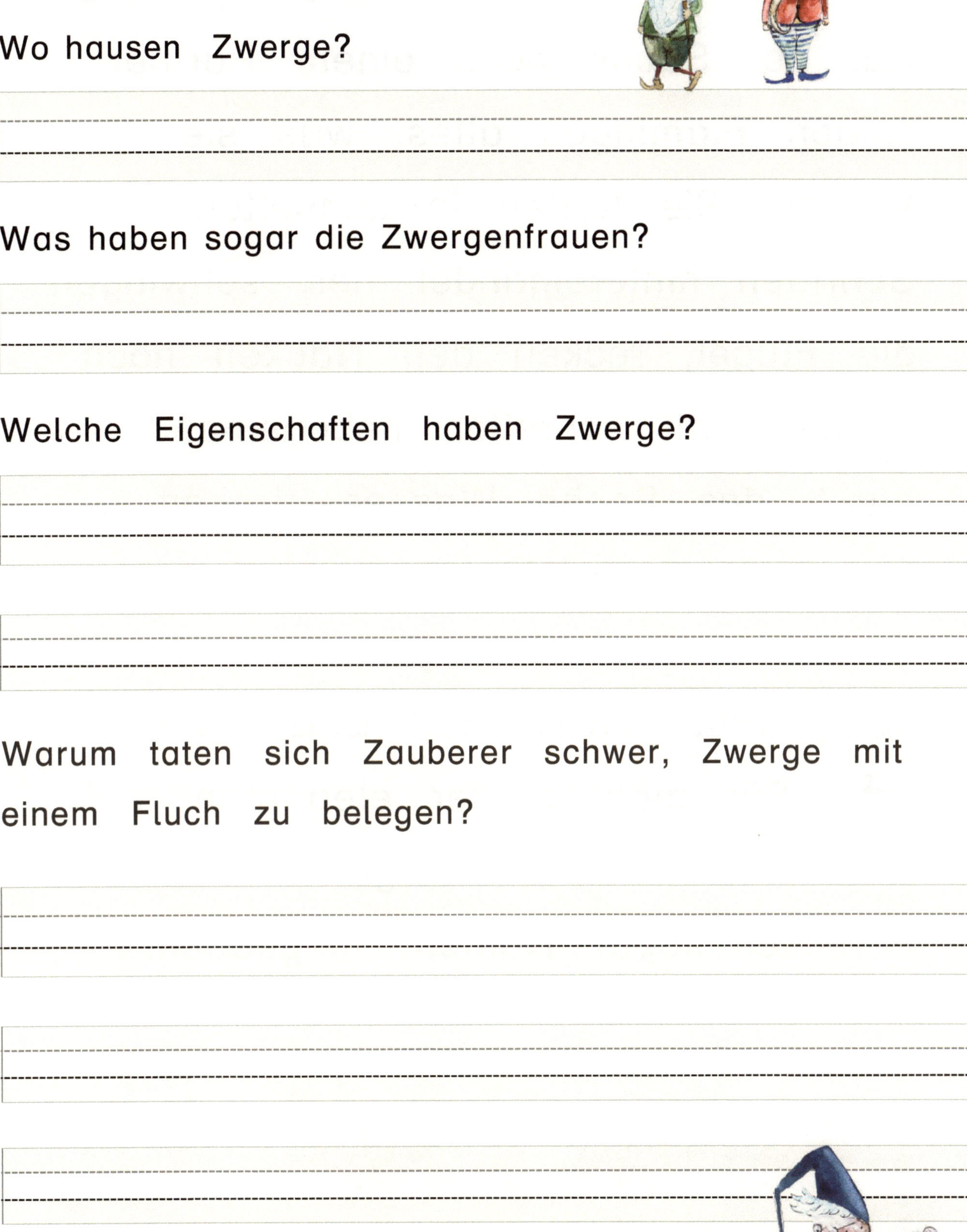

Wo hausen Zwerge?

Was haben sogar die Zwergenfrauen?

Welche Eigenschaften haben Zwerge?

Warum taten sich Zauberer schwer, Zwerge mit einem Fluch zu belegen?

Warum tanzen Flamingos?

Auf der Suche nach einem Partner zeigen Flamingos alles, was sie können. Sie laufen in schnellen Schritten hintereinander her, schwingen die Flügel, recken den Nacken hoch in die Luft, schreiten nebeneinander durch das flache Wasser, drehen gemeinsam die Köpfe hin und her, gerade so, als schlage einer den Takt dazu. Eins, zwei, drei! Eins, zwei, drei! Für manche der eleganten und beeindruckenden Drehungen haben sich Forscher sogar Namen ausgedacht.

(72 Wörter)

Male drei tanzende Flamingos.

Die Riesen des Ozeans

Der Blauwal ist

das schwerste Lebewesen, das die Erde

je gesehen hat. Allein seine Zunge

hat mit 4 Tonnen in etwa das Gewicht

eines Elefanten. Blauwale haben einen

langen, schlanken Körper. Die hintere Flosse

ist breit, die blassen, blauen Brustflossen

sind dagegen eher schmal. Auch der Kopf

des Blauwals ist breit,

mit einer flachen Schnauze.

Blauwale können bis zu 20 Minuten

unter Wasser bleiben. Tauchen sie auf,

so blasen sie die Luft durch das Blasloch

12 Meter in die Höhe.

Blauwale sind in allen Ozeanen der Welt

zu Hause. Meistens bleiben sie allein.

Dennoch unterhalten sie sich über weite

Distanzen mit anderen Blauwalen

durch lautes Brummen, das meilenweit

zu hören ist.

(114 Wörter)

Setze richtig ein:

> Tonnen　　Blauwale　　Distanzen
> Brustflossen　　Blasloch　　Brummen

Die Riesen des Ozeans sind die

____

Sie wiegen 4

____

Sie haben blaue, blasse

____

Sie blasen die Luft durch ein

____

Sie unterhalten sich über weite

____

durch lautes

____

Hast du schon einmal einen Gnom gesehen?

Gnome sind zwergenhafte Naturgeister

und messen nur zwischen 100 und 120 cm.

Meist haben sie eine braune Hautfarbe.

Mancher behauptet, er habe aber auch schon

grüne, gelbe oder blaue Gnome gesehen.

Wegen der drolligen Hüte, der merkwürdigen

Jacken, Hosen und Schuhe wirken sie

erst einmal etwas schlicht. Dabei sind Gnome

schlaue und erfinderische Zeitgenossen,

schleppen allerlei Brauchbares mit sich herum

und horten Kostbarkeiten, die sie

an geheimen Orten eingraben.

Manchmal wissen sie hinterher selber nicht,

wo sie suchen sollen.

Gnome schwindeln oft,

neigen zu heftigen Wutausbrüchen

und haben die Eigenart,

sich danach unsichtbar zu machen.

Im Grunde genommen sind sie

jedoch harmlos und wollen keinem

etwas Böses.

(114 Wörter)

Aufgaben zum Lesetext

Gnome haben lustige Namen.
Würfle dreimal, um deinen Gnomennamen
herauszufinden. Schreibe den Namen
auf die Linie. Würfle erneut dreimal
und schreibe den Nachnamen daneben.

1	2	3	4	5	6
gnu	a	dri	mo	blu	gu

An Freitagen braten sich Gnome
gerne ein Gnöbio und essen
danach leckeren Glibberbrei.
Würfle dreimal für dein Hauptgericht,
schreibe es auf. Würfle noch zwei Mal
für den Brei und schreibe
den Namen deines Breis daneben.

1	2	3	4	5	6
bra	o	gni	su	bli	da

Pluto ist nicht allein

2006 kamen Astronomen aus aller Welt
überein: Pluto sei kein Planet.
Er habe eine geringere Masse
als alle anderen Planeten und
nicht die ausreichende Energie,
um andere Himmelskörper anzuziehen.
Daraufhin hat die Wissenschaft
beschlossen, für Pluto eine eigene Gruppe
zu gründen. Nach und nach sollen nun
noch andere Zwerge unter den Planeten
hinzukommen.
Neben Pluto gehören momentan
drei weitere Himmelskörper
zur Gruppe um Pluto. Sie wurden
auf die Namen Eris, Haumea
und Makemake getauft.

(78 Wörter)

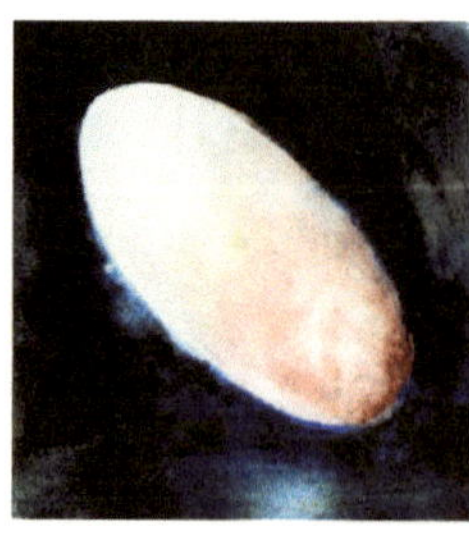

Pluto   Eris   Haumea   Makemake

Fragen zum Text

Worüber kamen Astronomen
aus aller Welt 2006 überein?

Was hat die Wissenschaft
daraufhin beschlossen?

Aus welchen Gründen ist Pluto kein Planet?

Warum haben Pfauen
so lange und bunte Federn?

Pfauen haben wunderbar bunte Federn,
die sie normalerweise
wie eine Schleppe
hinter sich herziehen.
Diese imponierende
Pracht ist jedoch nur
dem Pfauenhahn
vorbehalten. Möchte der

Hahn eine Henne beeindrucken, so breitet er
seine bunten Federn aus, um ihr zu zeigen,
was für ein Prachtkerl er ist. Auch sein Hals
und seine Brust leuchten in blauer Farbe.
Pfauen sind gesellige Wesen. Ein Hahn hat
meistens zirka 5 Hennen, die er mit
Argusaugen bewacht.

Ungeachtet der schweren Federn, können Pfauen
sogar fliegen. In einer Notlage flüchten sie ins
Gebüsch oder fliehen auf einen Baum. Die
aufmerksamen Gesellen warnen mit lauten,
gellenden Schreien nicht nur ihre Artgenossen,
sondern auch andere Tiere.

(116 Wörter)

Male   das   Pfauenmandala aus.

Bild: VectorByLiza

Findest du Kaulquappen
auch so interessant?

Hast du schon einmal daran gedacht,
die kleinen Flitzer zu fangen,
sie in ein Wasserglas zu setzen,
um zu beobachten, wie sie sich
in Frösche verwandeln?

Bitte, mach das nicht! Das ist riskant
für die kleinen Wesen und darüber hinaus
gegen geltende Gesetze. Kaulquappen brauchen
10 - 12 Wochen, um sich zu entwickeln.
Das passende Futter finden sie am besten
in der natürlichen Lebenswelt.

Sind aus den kleinen Schwimmern Frösche oder
Kröten geworden, können sie auch
aus dem Wasser heraus.
Manche passen nun die Hautfarbe
der sie umgebenden Natur an.
Andere quaken enorm laut.
Alle haben eines gemeinsam:
Die Nachkommen legen sie nach dem Winter in
den eigenen Geburtsteich.
Dafür wandern sie sogar kilometerweit
und überqueren allerlei Wiesen,
Wege und Felder.

(127 Wörter)

Fragen zum Text

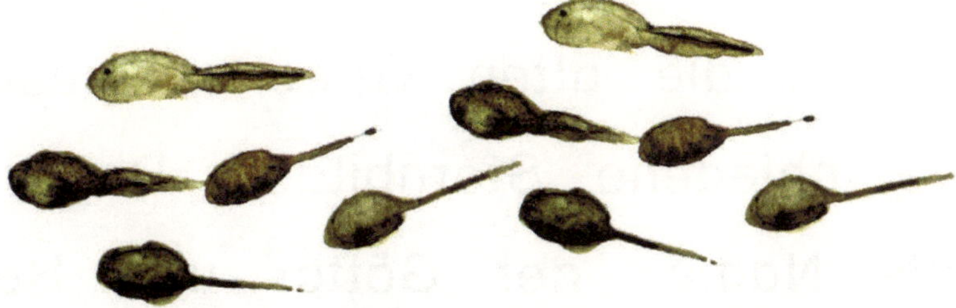

Wo finden Kaulquappen das beste Futter?

Was machen Frösche nach dem Winter?

Kennen wir alle 88 Sternbilder?

Schon die alten Griechen beschrieben verschiedene Sternbilder. Daher tragen manche die Namen der Götter und Heldengestalten griechischer Sagen. „Perseus", ein Nachkomme des Gottes Zeus, rettete „Andromeda" und tötete Medusa, die Schreckensgestalt mit Schlangenhaaren. Einer weiteren Sternengruppe haben sie den Namen „Pegasus", nach dem weißen Schimmel mit Flügeln, gegeben.

Astronomen sprechen von insgesamt 88 Sternbildern. Den „Großen Wagen" kennen die meisten Menschen. In der Regel wissen auch viele die Namen der 12 Sternbilder unserer Sternzeichen.
Können wir sie jedoch auch am Himmel erkennen?

In welchem Sternzeichen bist du geboren?

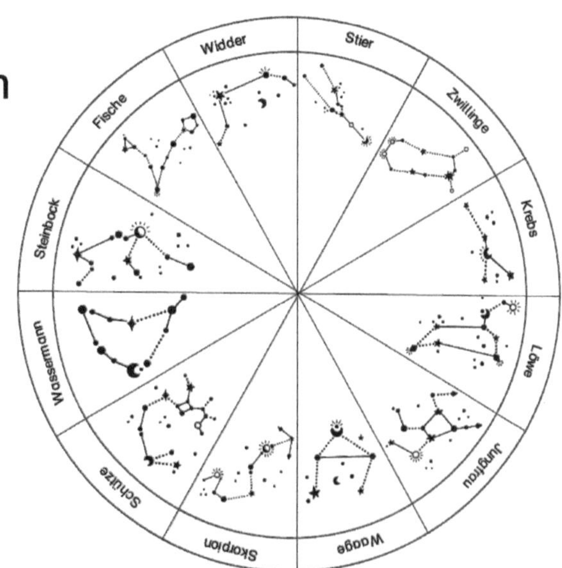

Male dein Sternzeichen.

Literatur

COX GORDON, MEGHAN, (2019) Die verzauberte Stunde – Warum Vorlesen glücklich macht; Insel

KLICPERA, C., SCHABMANN A., NIX D., GASTEIGE-KLICPERA B., SCHMIDT B., (2020) Legasthenie – LRS
Modelle, Diagnose, Therapie und Förderung; Ernst Reinhardt

MANGUEL, ALBERTO, (2011) Eine Geschichte des Lesens; Fischer

RADACH R., HOFMANN M., (2016), Graphematische Verarbeitung beim Lesen von Wörter, in Domahs U. &
Primus B. (Hrsg.) Handbuch Laut, Gebärde, Buchstabe (Handbücher Sprachwissen 2); De Gruyter

ROSEBROCK, C., GOLD A., NIX D., RIECKMANN C. (2011) Leseflüssigkeit fördern: Lautleseverfahren für die
Primar- und Sekundarstufe; Kallmeyer/Klett

Dein Erfolg ist unser Ziel!

Lexi ist vielseitig einsetzbar und versteht sich als Ergänzung für Ihr professionelles Vorgehen in der lerntherapeutischen Praxis. Mit Lexi erhalten Sie ein Training, das ressourcenaktivierend und individuell mit Kindern und Jugendlichen einsetzbar ist.

Unser Material bricht die oft zähen Lernprozesse auf und sorgt für erfrischende Abwechslung. Die Kinder erleben, dass Lesen und Schreiben nicht nur mühsames Üben bedeutet, sondern auch Neues, Spannendes oder Lustiges enthüllen kann. Somit legen wir mit unserem Fördermaterial den Grundstein für eine lebenslange Freude am Lesen und Schreiben.

Das Basistraining bietet grundlegende Übungen für Anfänger im Lesen und Schreiben, für schwer betroffene Kinder mit LRS sowie anspruchsvollere Aufgaben für jene, die weniger Probleme mit der Lautanalyse oder -synthese haben. Darauf aufbauend fließen im Schwierigkeitsgrad steigende Wortstrukturen ein. Schritt für Schritt folgen weitere Laut-Buchstabenverbindungen sowie Wörter mit häufigen Konsonantenverbindungen.

In allen Einheiten finden Sie eine Vielfalt an Textarten, die nicht nur interessant, sondern auch relevant sind, um die Lesegenauigkeit, -geschwindigkeit und das -verständnis zu verbessern. Fragen und Aufgaben zu diesen Texten fördern dabei das kritische Denken und die Fähigkeit zur Interpretation.

Das Rechtschreiben trainieren wir mit anfangs vorwiegend lautgetreuem Material, um das laute und leise Mitsprechen als hilfreiche Vorgehensweise zu fördern. Zusätzlich integrieren wir eine morphematische Herangehensweise, die das Verständnis von Wortbedeutungen unterstützen kann. Neben dem Fokus auf Rechtschreibung binden wir Grammatikübungen ein, damit korrekte Satzstrukturen und Ausdrucksweisen entwickelt werden können.

Wollen Sie mehr über uns erfahren? Besuchen Sie uns unter: www.lexi-lrs-training.de